VIE

DU

R. P. DE RAVIGNAN

PAR

M. L'ABBÉ MULLOIS

Chanoine de Saint-Denis, Missionnaire apostolique

PARIS

LÉON FONTAINE, ÉDITEUR

RUE DE L'UNIVERSITÉ, 26

1864

VIE

DU

R. P. DE RAVIGNAN

Imprimerie L. TOINON et Cᵉ, à Saint-Germain.

VIE

DU

R. P. DE RAVIGNAN

PAR

M. L'ABBÉ MULLOIS

Chanoine de Saint-Denis, Missionnaire apostolique

PARIS

LÉON FONTAINE, ÉDITEUR

RUE DE L'UNIVERSITÉ, 26

1864

INTRODUCTION.

On entend souvent parler des jésuites, on en parle soi-même, on dit : C'est un jésuite, tu es un jésuite.

Or qu'est-ce que les jésuites? On ne le sait guère ; on s'en fait quelquefois les idées les plus fausses.

Les uns, égarés par des préjugés et des contes vraiment dignes de Croquemitaine, se font une idée noire, sinistre des jésuites ; un jésuite, attention ! défiez-vous, voilà un homme dangereux !

D'autres passent à côté ; regardant les jésuites comme des religieux, des moines qui étudient et se livrent à la prière dans leur communauté, desquels le monde n'a rien à attendre ni en bien ni en mal ; ils seraient volontiers de l'avis de Voltaire, quand il disait dans une boutade : Un jésuite, c'est un homme qui se lève à quatre heures du matin pour réciter les litanies des saints à huit heures du soir.

Il en est enfin qui se font des jésuites une idée étrange, fantastique.

Dans un pays où on n'en avait pas encore vu, vint prêcher un jésuite ; il avait l'avantage d'être largement pourvu du côté du nez ; ce fut une rumeur dans toute la contrée ; d'une paroisse voisine une femme fut députée pour aller reconnaître ce que pouvait être un jésuite. Elle est à peine de retour qu'on l'environne, on l'interroge, on l'accable de questions. Eh bien ! as-tu vu le jésuite? comment est-ce fait un jésuite ? — Mon Dieu, répondit la femme, c'est fait tout comme un autre prêtre, excepté que *ça a le nez plus long.*

L'erreur n'est jamais bonne à rien, elle ne profite à personne, soit qu'elle porte sur les choses, soit qu'elle porte sur les hommes ; il n'est pas bon que des préjugés si étranges pèsent sur une partie si nombreuse et si respectable du clergé. Il se présente une occasion toute naturelle de dire la vérité sur les jésuites.

Un homme vient de mourir qui a mené cette vie de jésuite avec un courage décidé, une noble vaillance, et il l'a menée jusque dans ses plus humbles et ses plus minces détails. Nous allons la raconter dans ce petit livre. Nous ne voudrions pas que le peuple fût privé des grands enseignements qu'elle contient. Il y a quelque chose de plus beau, de plus persuasif, de plus éloquent que tous les sermons du P. de Ravignan, c'est sa vie. Du reste, il tenait au peuple par cette existence de travail, de pauvreté et d'abnégation. Il aimait tant à parler aux pauvres et aux petits ! On le vit passer avec joie de la brillante chaire des cathédrales à l'humble chaire d'un hôpital ou même d'une prison.

Suivant notre usage, nous allons raconter les faits simplement et en toute sincérité, laissant nos lecteurs juges ; après cela ils sauront ce que c'est qu'un jésuite , et nous ne doutons pas qu'ils ne soient au moins de l'avis d'un assez mauvais sujet qui, ayant entendu une paternelle instruction de l'un d'entre eux, s'écriait en s'en allant : *Tout de même, on a beau dire : les jésuites ! ça me fait l'effet d'être d'assez braves gens !*

VIE

DU R. P. DE RAVIGNAN.

CHAPITRE PREMIER.

Sa naissance, son éducation, sa vie d'étudiant,
de magistrat.

Le 2 décembre 1795 naissait à Bayonne un petit enfant chétif, ayant à peine un souffle de vie ; mais Dieu et sa mère le disputèrent à la mort. Cet enfant devait être le R. P. de Ravignan. Le lendemain il fut baptisé dans une petite chambre, et il reçut les noms de Gustave et de François-Xavier ; c'était encore le temps de la Révolution. Il eut pour parrain son frère aîné âgé de sept ans ; c'est aujourd'hui le baron de Ravignan, et pour marraine sa sœur âgée de quatre ans, qui est devenue depuis la maréchale Excelmans.

Sa mère le nourrit elle-même, ne voulant s'en remettre à personne du soin de faire vivre une si frêle et si délicate nature. Mais ce qu'elle lui donna plus abondamment encore, c'était la vie de l'âme et du cœur, une éducation toute chrétienne, don inappréciable auquel le P. de Ravignan dut sa vie sainte et l'Eglise un apôtre de plus.

Dès ses premières années, on remarqua son caractère naturellement sérieux, au point que les amis de la maison l'avaient surnommé *l'ambassadeur*.

En 1804 il était âgé de huit ans. Il vint à Paris et fut placé dans une pension. Il travailla avec une si belle ardeur qu'il eut bientôt devancé les enfants de son âge. Son amour du travail le défendit, comme cela arrive souvent, contre les séductions du mauvais exemple et des malheureuses passions. Il resta pur et chéri de ses maîtres, Dieu l'en récompensa plus tard comme un prêtre aime à être récompensé.

C'était il y a quelques années, et au milieu de ses travaux apostoliques, un jour une femme chrétienne vient lui dire : « Vous souvenez-vous de M***, votre ancien maître ? — Oui, certes. — Eh bien, je suis sa fille ; il est bien malade, il a quatre-vingts ans ; je tremble pour son âme et je viens vous demander d'essayer de lui parler de Dieu. » Le P. de Ravignan accourt auprès du vieillard, il le trouve accablé par le mal au coin de sa cheminée ; l'étonnement de voir cette robe de prêtre dans sa demeure et son effroi se peignent dans ses traits, mais tout à coup il s'écrie : « *Quoi, c'est toi, Gustave ! — Oui, Monsieur ***, c'est moi et je viens vous parler de Dieu. Voulez-vous vous confesser ? — Oui, mon ami,* » répond-il sans hésiter. Et cette âme fut sauvée.

C'était dans cette pension que Gustave de Ravignan avait fait sa première communion, et l'église de Saint-Philippe-du-Roule le vit s'unir pour la première fois à son Dieu et lui jurer cette fidélité qu'il a si bien gardée.

Ses études scolaires terminées avec éclat en 1812, au collége Bourbon, il fut placé par ses parents chez un respectable avocat qui dirigea ses premières études de droit. Il avait vu son frère aîné embrasser la carrière militaire, et ne s'était pas senti disposé à suivre son exemple.

En 1817, M. de Ravignan est nommé conseiller-auditeur à la Cour royale. Mais contrairement aux habitudes instituées par l'empire, il fut nommé sans présentation de la magistrature. Il en résulta que le jeune magistrat fut accueilli avec froideur, et traité avec une réserve presque blessante par ses nouveaux col-

lègues et par ses chefs. M. le premier président Séguier l'attacha à la chambre civile qu'il
présidait, et, dans une intention peu bienveil-
lante, il saisit la première occasion qu'il ren-
contra pour éprouver la valeur du nouveau
conseiller-auditeur ; il le chargea tout à coup,
sans préparation, de prendre la parole dans
une procédure embrouillée, délicate à l'excès.
M. de Ravignan eut à peine le temps de feuil-
leter le dossier mis sous ses yeux, mais il vit
d'un coup d'œil le point vif où devait être
porté le débat, prit la parole avec une aisance
qui commença par étonner les juges, puis il
parla avec l'abondance et la vivacité qui étaient
alors le caractère distinctif de son éloquence, et
il traita la question avec une telle supériorité
qu'en sortant de l'audience, le premier président Séguier vint à lui, et lui dit devant tous
les conseillers : « Nous vous avons traité avec
quelque froideur; mais vous justifiez avec tant
d'éclat la faveur dont vous avez été l'objet que
désormais nos cœurs vous appartiennent.

Il eut, en qualité de conseiller-auditeur, à
remplir les fonctions de substitut du procureur général ; ses amis n'étaient pas sans
crainte sur cette nouvelle épreuve. Il s'en tira
avec un éclat qui surprit les plus vieux magistrats. Dans une cause politique importante, un

jour, un accusé, redoutable par son talent, se défendit d'une manière si remarquable que le président , jetant les yeux sur le siége du ministère public, et, effrayé de le voir occupé par un si jeune homme, douta de lui, et hésita pour lui donner la parole, quand il s'agit de répliquer à l'accusé. L'assurance de regard et d'attitude de M. de Ravignan, la fermeté et la vibration de sa voix le rassurèrent bientôt cependant, et, peu après , il ne put se défendre d'une profonde admiration pour les ressources de cet esprit si lucide, l'entraînement de cette parole et son argumentation puissante. Le magistrat éminent, qui se plaisait à manifester quels furent son étonnement et sa joie en cette circonstance, conçut pour M. de Ravignan une affection profonde. — Tous l'aimaient du reste ; et lorsqu'en 1820 il fut nommé substitut du procureur du roi à la Cour royale de Paris, cet avancement n'étonna personne, et ne causa aucune jalousie.

Les études de droit et les travaux de sa carrière ne remplissaient pas seuls le temps du jeune magistrat ; ardent au travail, impatient de savoir et doué de facultés merveilleuses, il apprend l'anglais, l'allemand et l'italien pour étudier la littérature de ces divers pays et pouvoir mieux en étudier les beautés. Musicien, peintre et poëte, il trouve le temps de satisfaire son goût très-vif pour les vers et pour les arts. Son frère possède un portrait de lui, fait par lui-même, et toute sa famille a connu des satires vives et aimables qu'il trouvait le temps d'écrire au milieu des travaux plus sérieux qui l'occupaient.

Il est presque superflu de dire comment la société accueillit ce jeune magistrat si éloquent, si ardent à la défendre contre ses ennemis, et qui sortait de ses rangs. Il y avait autant d'orgueil que d'attraits dans l'empressement dont il fut l'objet et qu'il justifiait si bien, d'ailleurs, par l'élégance de ses manières et le charme de sa conversation. M. de Ravignan parut se conformer sans peine à toutes les habitudes des salons, il fut de toutes leurs fêtes, mais ne cessa jamais d'y apporter, cependant, la gravité et la retenue qui étaient dans sa nature (1).

Il était du reste chrétien et du nombre de ces jeunes hommes qui nourrissaient leur piété et entretenaient leur persévérance par l'exercice des bonnes œuvres.

____

(1) *Le P. de Ravignan*, par M. le marquis de Dampierre.

CHAPITRE II.

Entrée au séminaire de Saint-Sulpice; résistance,
triomphe.

M. de Ravignan avait 26 ans. Il était dans
toute la vigueur de l'âge et du talent, substitut
du procureur de la Cour royale de Paris, il por-
tait un beau nom, il avait obtenu les plus
beaux succès. Le premier président de la
Cour royale de Paris, M. Séguier, avait dit de
lui : Laissez le venir, mon fauteuil lui tend
les bras. Il avait en perspective ce que le monde appelle le plus brillant avenir, eh bien, il
quitte tout cela, se revêt d'une soutane et entre au séminaire de Saint-Sulpice.

Le monde qui se croit si séduisant qu'on ne
puisse le quitter sans quelque cruelle décep-
tion de sa part et qui pense que Dieu à lui
tout seul n'est pas capable de ravir un cœur,
a inventé pas mal de contes 1. su cette belle

vocation.— Il n'en est rien, le P. de Ravignan
était libre de son cœur et de sa pensée. C'était
chez lui conviction profonde, volonté ferme de
sa part de se vouer au service de Dieu. Il
suffit de l'avoir un peu connu pour se convaincre que cette nature à la fois si forte et si
douce n'ait jamais cédé à de mesquines consi-
dérations; il eut le bonheur d'offrir à Dieu
une âme libre, un cœur pur et un talent
formé.

Naturellement sa grande détermination fut
combattue, même un peu par sa mère, quoique
chrétienne; elle avait rêvé pour son beau et
cher Gustave de si belles destinées dans le
monde, et tout s'évanouissait. Enfin elle avait
une grande foi et bientôt elle se résigna. Depuis que l'Eglise n'est plus riche, on a vu
trop souvent ces luttes, on regarde comme
perdu un enfant qui se donne à Dieu; disons
néanmoins que cette faiblesse disparaît, on
voit partout aujourd'hui des fils des riches et
même des nobles familles entrer dans le sanctuaire et se vouer de préférence au Ministère
exercé auprès des petits et des pauvres...

D'un autre côté, le procureur général, M. Bel-
lart, qui était pour lui un père, lui écrivit,
non pour le détourner, mais pour le faire ré-
fléchir, une lettre profondément pensée et pro-

fondement chrétienne, dont nous allons citer quelques passages ; elle marque l'estime que le jeune séminariste emportait du monde dans le sanctuaire de Dieu.

6 mai 1822.

« Mon bon et cher Ravignan,

« Si je n'étais pas comme vous, détrompé de toutes les illusions humaines, votre lettre m'affligerait profondément ; je regretterais pour le monde et pour moi un bon et aimable jeune homme qui promettait d'être l'ornement de la magistrature et de rendre des services distin- gués à son pays. Je regretterais que vous met- tiez vous-même un terme à une carrière que tout présageait devoir être brillante, et pro- curer à votre orgueil bien placé de nobles jouissances, en même temps qu'elle vous au- rait fourni de grandes occasions d'être utile à la Religion, à la société, au Roi, par une haute profession des bonnes doctrines et par une distribution éclairée de la justice. Tout en étant donc fort enclin à vous applaudir par mes dispositions personnelles et par le dégoût que me donne si souvent le spectacle de démence et de perversité auquel j'assiste, je crois devoir m'élever au-dessus de cette espèce d'égoïsme qui me fait envier plutôt que désapprouver votre résolution, pour vous inviter pourtant, mon cher Ravignan, à la méditer de nouveau. Elle est grave, elle va vous imposer des devoirs très-austères, beaucoup de privations surhumaines, auxquelles il faut que vous soyez bien sûr de vous ployer aujourd'hui, demain, des années, à jamais, votre vie entière, sans murmures et surtout sans regrets.

» Je comprends un courage, un grand courage soutenu durant un temps donné ; mais l'engagement de renoncer aux plus sérieuses impulsions des lois de la nature est un terrible engagement. Dans la ferveur, dans l'enthousiasme, l'imagination nous fait voir quelquefois, comme constamment possible, ce qui ne nous l'est qu'à force d'une grâce présente et d'une vive résistance qui n'a pas encore eu le temps de s'épuiser. Mais si cette grâce vous abandonnait, si cette résistance ne suffisait plus au combat ; si un long sacrifice et de toutes les affections destinées à embellir la vie de l'homme de bien qui vit chrétiennement, et de toutes les inclinations créées et permises de Dieu, qui les a données à l'homme sous la seule condition de n'y céder que selon ses saintes lois, devait être, après de longues souffrances, en pure perte! si, après ces longues souffrances, il ne devait aboutir qu'à une chute et qu'à exposer le salut de votre âme! pesez, mon cher Ravignan, tout ce qu'un pareil dévouement aurait de cruel, et réfléchissez-y bien, tandis que vous le pouvez encore. J'adore, assurément, les desseins de Dieu sur vous, si des hommes éclairés et vertueux, au jugement desquels je me fierai plus qu'au mien propre, les voient clairement écrits.

CHAPITRE III.

Entrée au noviciat des jésuites.

M. de Ravignan était devenu l'abbé de **Ra**-vignan, mais ce n'était pas assez pour son dévouement à Dieu et à la religion; dans le sacerdoce, il pouvait disposer encore de sa fortune, et arriver aux honneurs attachés à cette carrière; il voulut se donner à Dieu sans réserve, il entra chez les jésuites pour y faire vœux de pauvreté et d'obéissance perpétuels.

A peine entré au noviciat, il fit venir son notaire et lui annonça que son intention était de se dépouiller de tout ce qu'il possédait : celui-ci resta tout étonné, il était peu accoutumé à traiter avec de tels clients...

Vous n'y pensez pas, lui dit-il.

— J'y ai pensé.

— Pensez-y encore ; je reviendrai dans quinze jours.

— Dans quinze jours ma volonté sera la même, répondit M. de Ravignan.

Cet intervalle écoulé, le notaire se représenta.

— Eh bien, monsieur l'abbé?

— Eh bien, terminons !

Le contrat fut rédigé et signé; le partage fut fait, et M. de Ravignan dit au notaire :

— Dieu merci, je n'ai plus rien; je suis libre !

Que de gens pensent le contraire!

Il est inutile de recourir au commentaire en présence d'un acte d'abnégation aussi héroïque. Les ennemis les plus acharnés de la foi religieuse n'ont rien à répondre, et de pareils exemples les écrasent. Ce n'est pas tout, comme il le dit lui-même, l'humilité du jésuite ne se contente pas de renoncer aux richesses et aux grandeurs, rien ne peut la satisfaire, que l'acceptation de tous les opprobres et de toutes les ignominies, à l'exemple du divin Maître :

« Consentez-vous à vous revêtir de la livrée
» d'ignominie qu'il a portée, à souffrir comme
» lui, par amour et par respect pour lui, les
» opprobres, les faux témoignages et les inju-
» res, sans toutefois y avoir donné sujet?.. »
Exam., c. IV, § 44.

« Il faut répondre ; et, grâces immortelles
» en soient rendues à la bonté de Dieu, j'ai ré-
» pondu oui. — Vous passerez pour fou. —
» Oui, cela me convient. »

« Jamais question plus étrange ne frappa
» des oreilles humaines ; jamais peut-être
» l'Évangile de la Croix et sa folie sacrée ne
» furent mieux présentés dans leur rudesse
» native. »

Ce grand parti, il le prit en toute liberté de
conscience. Lui-même le déclare :

« J'ai eu des préventions contre la Compa-
» gnie de Jésus ; Pascal et les traditions par-
» lementaires m'avaient trompé comme bien
» d'autres.

» Et, je dois le dire, c'est en quelque sorte
» malgré moi que je connus la vérité sur les
» jésuites. Je ne veux point occuper le public
» de mon histoire ; je n'ai point à raconter ici
» ni par quelle voie il plut à la divine Provi-
» dence de me faire passer alors, ni quel fut
» le travail intérieur de la conscience, dont
» Dieu a le secret, dont le souvenir est ineffa-
» çable dans mon âme, et qui, en m'appor-
» tant la lumière, amena pour moi un chan-
» gement entier d'existence.

» Mais ce que je puis bien déclarer, c'est
» que ma conviction fut formée et ma décision

» prise alors dans la situation la plus complé-
» tement libre de toute influence ; il n'a guère
» été jamais dans ma nature d'en accepter au-
» cune.

» Ce que je puis encore affirmer, c'est que
» ce furent les choses qu'on méconnaît, qu'on
» défigure et qu'on attaque le plus dans les
» jésuites qui me déterminèrent à me faire
» l'un d'eux.

» Oui, l'esprit qui me parut animer la so-
» ciété de Jésus, l'obéissance même qu'elle
» professe, l'apostolat qu'elle exerce, les doc-
» trines qu'elle embrasse eurent sur ma vie
» cette immense influence.

» Je sentis que Dieu m'appelait là : j'y en-
» trai (1). »

Il entra donc chez les Jésuites ; ses amis ne
l'approuvèrent pas tous ; Mgr Frayssinous, qui
lui avait conféré la tonsure, le vit avec une
sorte de peine prendre cette détermination.
Inutile de dire que sa bonne mère en souffrit ;
c'était lui ravir sa dernière illusion, elle se reprochait presque de lui avoir donné le nom de
Xavier, il lui semblait que c'était cet autre
saint jésuite qui lui ravissait son enfant.

(1) *De l'existence et de l'institut des Jésuites*, par le
R. P. de Ravignan.

Arrivé au noviciat, Ravignan en embrassa avec ardeur tous les exercices ; il est bon que l'on sache qu'une partie de ces exercices consiste à travailler de ses mains ; le novice jésuite travaille comme le manœuvre deux heures chaque jour, il balaie, ratisse, apporte le bois, le charbon, aide à la cuisine, etc. C'est bien, et c'est bon. L'homme qui n'a pas travaillé de ses mains ne sait pas toute la vie, il ignore même la première science qui est celle de savoir gagner son pain à la sueur de son front. Avoir de la science, beaucoup de science, c'est beau ; mais il faut un grand caractère, une forte nature d'homme pour la bien porter. Et rien n'est propre comme ces humbles travaux à former l'homme vraiment homme ; alors on peut parler et dire à tous : Patience, courage, et personne ne peut répondre : C'est facile à dire, si vous saviez ce que c'est que de travailler, peut-être parleriez-vous autrement. Rien n'est puissant comme l'exercice du travail manuel. Le jésuite y revient souvent dans sa vie pour retremper son âme. D'abord il fait lui-même sa chambre, il se rend tous les services domestiques ; il balaie, il range, il allume son feu, de plus il demande de temps en temps à aller travailler même à la cuisine. Nous nous rappellerons toujours avec émotion avoir vu le R. P. de Ravignan, il n'y a pas quinze ans, laver la vaisselle. Après un pareil spectacle, comment ne pas croire à sa parole ?

Quelques mois après son entrée au noviciat, le frère de Ravignan, comme on l'appelait alors, fut élu chef du noviciat, c'est-à-dire admoniteur ; lui-même était chargé de faire exécuter tous les travaux dont nous venons de parler.

CHAPITRE IV.

Entrée dans la vie de religieux, études, premier apostolat dans les campagnes, conférences de Notre-Dame de Paris.

Sorti du noviciat de Montrouge, le **P.** de Ravignan se rendit à Dôle pour y étudier la théologie, puis à Saint-Acheul, près Amiens, pour y étudier la même science. Il se livra avec tant d'ardeur au travail, que lui-même fut bientôt appelé à l'enseigner.

Il était à Saint-Acheul en juillet 1830. Là il eut occasion de faire l'essai de sa parole.

Cinq ou six cents émeutiers, autorisés par le triomphe de la révolution à Paris, envahirent la maison au milieu de la nuit. La bravoure fut toujours une de ses vertus. Ce fut lui qui se présenta au balcon pour haranguer les émeutiers. Il sut se faire écouter de cette bande d'hommes grossiers et violents, et il allait leur persuader de se retirer sans com-

mettre d'autres excès, lorsqu'un de ces inci-
dents si fréquents dans tous les troubles vint
faire perdre à tout le monde le fruit des bonnes
paroles qu'il adressait à ces furieux, et dont
ils étaient étonnés et charmés, car le langage
jeune Jésuite ne ressemblait guère à celui des
du agitateurs, qui soulève et fait bouillonner
les mauvaises passions de la multitude pour
faire d'elle l'instrument aveugle de leurs propres passions. Déjà ces fiers conquérants d'un
couvent se calmaient et allaient abandonner
leur conquête. Mais tandis que le P. de Ravignan s'était élancé au balcon, d'autres s'é-
taient élancés d'autres côtés, soit pour orga-
niser un système de défense, soit pour appeler
les secours du dehors. Un de ceux-ci ayant
gagné le clocher se mit à sonner le tocsin. A
ce bruit, les émeutiers se croient trahis et ne
veulent plus rien entendre, et une pierre
partie des rangs de ceux qui commençaient
à écouter le P. de Ravignan avec complaisance,
vient le frapper et le blesser légèrement au
front (1).

La révolution chassa le P. de Ravignan de
Saint-Acheul, en Suisse. Il continua d'y enseigner la théologie, puis vint le temps si dé-

____

(1) M. de Saint-Albin, *Vie du P. de Ravignan.*

siré pour lui : il se sentait appelé à la prédication , mais la volonté de ses supérieurs, guidée sans doute par une inspiration divine, l'avait retenu dans l'enseignement de la théologie ; Dieu voulait que l'orateur destiné à replacer la foi dans un siècle et dans tant d'âmes remplis de doutes, fît une ample provision de doctrine ferme et précise. Le futur prédicateur des conférences de la métropole de Paris, commença par évangéliser les braves habitants de quelques villages suisses. Il prêcha à Chambéry, à Monlhey, à Saint-Morice, etc. ; et là, pour la première fois, suivant son expression , il se plongea dans le zèle pour le salut des âmes.

Mais cette voix si éloquente était française et sa patrie le réclamait. En 1835 il prêcha à la cathédrale d'Amiens : l'année suivante il prêcha le Carême à Paris, à Saint-Thomas l'Aquin, au milieu du noble faubourg Saint-Germain, tout rempli de ses parents, de ses amis et des témoins de ses anciens succès dans le monde. L'impression fut profonde, sa parole était à la fois si pleine d'autorité et de charité. Que répondre à cet homme qui avait pour lui la science du monde et la science de Dieu de plus?

Sa place était naturellement marquée dans

la chaire de Notre-Dame de Paris. En 1837 Monseigneur de Quelen l'appela à prêcher les conférences qu'il avait établies spécialement pour les hommes. Ces conférences avaient lieu chaque dimanche. Il remplaça le P. Lacordaire, un autre religieux. Le jésuite succéda au dominicain et la foule des auditeurs alla toujours en augmentant.

Les conférences de Notre-Dame, c'est un beau et grand spectacle. C'est un triomphe pour cette foi qu'on avait dit sur le point de mourir, elle seule possède encore les vraies gloires de la parole, même au milieu de Paris. Il faut que tout le monde le sache... Sans doute il y a du mal à Paris, mais qu'il y a du bien ! La province fait venir de Paris ses usages et ses modes, elle ferait bien d'en faire venir sa foi sans oublier sa charité ! que là religion y est grande ! comme on l'a si souvent redit, et on peut le redire encore sans blesser personne , Paris est la capitale du monde, le centre des sciences, des arts, de la littérature et de l'éloquence. Il y a là des orateurs dont la parole séduit, ravit, entraîne... Cependant, quand ces orateurs ont pu grouper quelques centaines d'hommes autour de leurs chaires, les intéresser, mériter leurs applaudissements, cela s'appelle un succès, un triomphe...

" Or, depuis quelques années, aux jours destinés à préparer à la résurrection du Seigneur, franchissez le seuil de la métropole, entrez dans la vieille basilique : qu'y trouverez-vous? Une masse compacte d'hommes : ils sont trois mille, six mille; on dit même dix mille. Et qui compose cette foule ? L'élite de la France, des savants, d'illustres professeurs, des députés, des magistrats, des généraux, des avocats, des élèves de nos écoles, des elèves de l'Ecole polytechnique. Il y a trois heures qu'ils attendent, et qui attendent-ils? Mon Dieu, ils attendent tout simplement un prêtre, un religieux, un moine même... Le voyez-vous? Il perce la foule... il est dans la chaire. Soudain le calme se fait, un vaste silence plane au-dessus de cette mer de têtes humaines. Il parle : tous les yeux sont tournés vers lui, toutes les oreilles sont tendues. De sa parole il domine cette foule immense, il la pénètre, il l'entraîne avec lui, il l'élève jusqu'aux cieux, il l'abaisse jusqu'aux enfers. Il règne sur tous ces cœurs. C'est vraiment un des beaux spectacles qu'il soit donné de voir ici-bas.

Mais vous allez dire : C'est la curiosité qui

amène cette foule, c'est le désir d'entendre une parole éloquente...

Je vous attendais là... Et les confessions, et les communions qui suivent?... Pour nous autres hommes du XIXᵉ siècle, il faut autre chose pour nous mettre à genoux dans un confessionnal, que l'entraînement ou la curiosité....⁊ Et puis, entrez le jour de Pâques dans la même basilique, vous retrouverez les mêmes hommes, vous les verrez se lever au moment de la communion comme un seul homme, se diriger vers la sainte table, au chant mâle et harmonieux des cantiques, et recevoir le Dieu de leur première communion. Voilà ce qui relève la religion et fait presque trouver Dieu plus grand...

Voilà le spectacle que le R. P. de Ravignan, aidé du P. Lacordaire, a grandement contribué à donner à la France et au monde en plein XIXᵉ siècle, et ce spectacle continue encore auourd'hui. C'est encore un jésuite, confrère du P. de Ravignan, le P. Félix, qui occupe cette chaire, avec la même foi, la même éloquence, et le même succès. Si le prédicateur fait son devoir, la foule des auditeurs est à son poste et se prépare à remplir le devoir pascal dimanche prochain. Nous écrivons ces lignes le dimanche des Rameaux.

Le R. P. de Ravignan prêcha les conférences pendant dix années de suite, de 1837 à 1847. Mais ces conférences ne suffisaient pas à son zèle. En 1842, il y ajouta des prédications chaque soir de la semainte sainte ; là il traita les grandes vérités de la religion, il put parler plus cœur à cœur avec son nombreux et brillant auditoire; c'est à cette époque que fut établie la communion générale. Pendant cette semaine l'apôtre passait ses jours et une partie des nuits au confessionnal. Il était beau de voir le savant, l'homme d'Etat s'y coudoyer avec l'ouvrier ou même le simple soldat. Voilä la vraie, la bonne égalité.

Il y avait un point sur lequel le P. de Ravignan revenait souvent et avec raison, c'était la sanctification du dimanche, il y revenait dans ses sermons et ses conférences : sa conviction profonde était que jamais il n'y aurait de vraie prospérité et de moralité en France, si on ne replaçait la sanctification du dimanche dans les masses et dans les cœurs. Quand il traitait ce sujet, sa parole était incisive, tranchante comme un glaive, on sentait une âme fortement convaincue et profondément blessée, en effet : il y avait de quoi...

Si l'on voulait, dit-il dans une conférence, donner à un peuple l'expression formelle et pratique d'athéisme, on n'en trouverait pas de plus significative pour nier toute religion et Dieu même, que l'omission, dans un pays, de tout repos religieux au jour consacré. Car enfin, je vous le demande, comment se manifesterait autrement la croyance publique et sociale en la Divinité ? Comment ? Y avez-vous jamais bien réfléchi ? L'atelier se ferme à l'heure de la débauche et du crime ; il rend la liberté pour l'orgie, il ne la rend pas pour l'instruction chrétienne et pour la prière publique ; à cette heure il s'ouvre, il réclame et garde sa proie ; il y a oppression cruelle de la liberté des consciences que l'on proclame ailleurs. Car, pour rester chrétien, il faudrait renoncer au pain qui conserve la vie. Des populations entières sont ainsi violemment arrachées à tout enseignement et à tout exercice religieux. Que pouvez-vous en attendre, sinon des vices et des mœurs dégradées ? L'étranger qui nous visite s'étonne et sent nos maux pour nous.

Sans le dimanche, dit-il ailleurs, pas d'instruction religieuse ; or, brisez l'enseignement chrétien, vous aurez brisé la marque du bien... Quand le désordre, le vice, le crime ont envahi la terre... ôtez la religion, il n'y a pas de cirque de bêtes féroces que l'on pût assimiler à la société humaine ; plus de barrière, les passions s'élancent, les masses se ruent... il faudrait des lits de roses ou des poignards... Amour de la vertu, amour de Dieu pour lui-même.... beau langage, mots sonores pour le commun des hommes ! Les masses craignent ou ne font rien de bien... la brute dominera. Lois civiles, lois pénales, c'est la cage avec ses barreaux ; l'animal muselé rugit encore... S'il a brisé la barre, gare au gardien (mouvement). La masse de corruption et de crime effraie. Je m'étonne qu'il n'y ait pas encore plus de débordements et de crimes, car la foi manque.

C'était après la révolution de février, le P. de Ravignan parlait à Notre-Dame : Aujourd'hui, s'écrie-t-il avec une autorité qui convenait à lui seul, on parle beaucoup de moralisation, on veut, dit-on, partout le bien-être et l'amélioration morale des masses... eh bien, est-ce sérieux, est-ce sincère, le voulez-vous vraiment ? alors qui que vous soyez : ici, à la messe, à genoux au pied de l'autel... autrement vous n'êtes pas des gens sérieux, je ne crois pas à vos belles paroles, je n'y puis pas croire : ce n'est pas sincère, ou vous me faites pitié, vous n'êtes pas même de grands enfants, vous rêvez... vous rêvez...

CHAPITRE V.

L'humble cellule du P. de Ravignan, le bien qu'il y fait, ses écrits.

Cependant la fatigue avait devancé les années. Cette âme si impressionnable et dévorée par le zèle du bien avait usé le corps. Il fallut donc abandonner les conférences et souvent la chaire pour se retirer dans la cellule.

Après avoir vu le brillant orateur, en songeant à son nom, à l'influence dont il jouit, on se figure aturellement que le P. de Ravignan a un certain train de maison, de beaux appartements, des domestiques pour le servir, il n'en est rien ; une humble chambre, meublée de ce qu'il faut indispensablement pour prier, étudier et dormir, voilà l'habitation de cet homme illustre, comme c'est l'habitation de tout jésuite, du reste, et le P. de Ravignan n'était pas homme à tolérer des exceptions en sa faveur ;

il faisait lui-même sa chambre, et un de ses amis ne fut pas peu surpris de le trouver un jour armé d'un balai et faisant un office que l'on regarde comme celui des domestiques. Au milieu de ce simple appareil, il n'en était que plus puissant. Les hommes les plus haut placés venaient le consulter. Un bon nombre l'avaient pris pour leur confesseur, et tous s'en retournaient meilleurs et plus heureux.

Tout en lui inspirait la foi, son aménité, sa figure maigre, austère et même son mobilier.

Un homme doué d'une intelligence élevée, ayant rempli les plus hautes fonctions, — il avait été ambassadeur et ministre, — aimait à parler de religion avec un prêtre, quoique à cette époque il fût fort mauvais chrétien.

Un jour le prêtre lui disait pour la vingtième fois : — Vous devriez revenir à la pratique des devoirs religieux.

— C'est difficile, mon ami, c'est impossible, je n'ai plus la foi, il y a tant de choses que je ne puis croire, j'ai trop lu la philosophie moderne, surtout la philosophie allemande, mon esprit est tout rempli de doutes, il me faudrait quelqu'un pour résoudre une à une toutes mes difficultés et il y en aurait pour longtemps, voulez-vous vous en charger?

— Je suis trop jeune et trop peu capable, mais, si vous le permettez, je vous adresserai à quelqu'un qui s'acquittera parfaitement de cette tâche, au R. P. de Ravignan.

— Croyez-vous qu'il voudra bien me recevoir et perdre son temps à débrouiller des choses inextricables ?

— Assurément, et il sera bien heureux. Je vais le prévenir.

Le jour et l'heure de l'entrevue furent arrêtés; et, en sa qualité de gentilhomme, notre aspirant à la foi fut fidèle au rendez-vous.

L'entretien ne dura pas longtemps, naturellement le prêtre avait hâte d'en connaitre le résultat.

— Eh bien! où en sommes-nous ? dit-il à son ami.

— Très-bien, très-bien, mon cher, j'ai la foi, je crois autant que vous, autant que le P. de Ravignan; mais ce n'est pas sa parole si belle qui me l'a donnée, c'est son mobilier.

Quand j'ai vu dans une si pauvre chambre un homme de sa trempe, un homme qui, s'il l'eût voulu, serait aujourd'hui premier président de la cour, peut-être ministre de la justice, quel mobilier !

Une table de bois blanc qui a l'air d'être peinte avec de l'encre, deux ou trois mauvaises chaises, un misérable petit lit perdu dans un coin. Je me suis dit : J'en ai assez, la religion, toute la religion est vraie, divine. Voilà un homme doué de la plus ferme intelligence, de l'esprit le plus indépendant qui l'a examinée ; eh bien ! il croit celui-là, en voilà une preuve écrasante. Qu'ai-je besoin d'aller examiner après lui ? Irions-nous, nous autres, avec nos faiblesses et nos préjugés mondains, soumettre à notre révision une doctrine qu'il a examinée avec une liberté entière et avec la plénitude d'une grande âme, à laquelle il sacrifie toute sa vie... Ce serait une inutilité et une sottise.

Et chose aussi étrange, le révérend père ne s'était pas aperçu de l'effet produit par son mobilier, il croyait même avoir perdu son temps, on lui avait annoncé un homme qui venait avec une montagne de doutes et d'objections à lui soumettre, et cet homme l'arrête au commencement de l'entretien en lui disant : C'est bien, mon père ; cela suffit, vous avez raison ; et il se retire en lui demandant la permission de lui serrer la main et de revenir bientôt le voir. Le père avait pensé que c'était une manière polie de se débarrasser, et que c'était une parole comme celle de ce magis-rtat romain qui disait à saint Paul : *Nous vous entendrons une autre fois.* Les effets suivirent bientôt.

Le P. de Ravignan avait reçu de Dieu un don admirable pour ramener les protestants à la foi catholique qui n'est, du reste, que la foi de leurs pères. Il eut souvent le bonheur d'administrer le baptême à des frères égarés. Sa méthode n'était pas précisément de discuter, mais d'écouter avec patience et d'user de la plus paternelle charité. Voici ce qu'il écrivait à une âme bien-aimée de Dieu et des hommes :

« Vous voilà donc à Munich, dans la catho-
» lique Bavière. A l'égard des protestants que
» vous pourriez voir, soyez prudente autant
» que zélée, et plus encore prudente que zélée.

» Tâchez de gagner leur cœur et ne cher-
» chez pas, de propos délibéré, à convaincre
» leur esprit. Lorsque la conversation roule
» toutefois sur la séparation de croyance, sur
» les motifs de s'unir à l'Église catholique, ne
» dites jamais que quelques mots bien doux et
» bien simples, ceux en particulier qui ré-

» pondent à tout, comme : Il ne peut y avoir
» deux vérités opposées, ni deux églises vraies
» par conséquent. »

Il est évident que l'on ne peut raconter sans indiscrétion la plupart des conversions qu'il a opérées, beaucoup de personnes sont encore vivantes.

Non-seulement le P. de Ravignan se servait de la parole, mais il savait aussi tenir une plume avec une fermeté et un courage intrépide.

En 1844, des préjugés que l'on aurait crus morts depuis longtemps, se réveillèrent contre sa chère compagnie de Jésus, c'était le temps où le Juif-Errant débitait sur les jésuites des contes et des sornettes qui étaient accueillis avec plus de confiance que l'Evangile par une partie de ce peuple français, la nation la plus spirituelle du monde, comme nous aimons à nous appeler modestement. Des professeurs du haut de leur chaire attaquaient les jésuites; la tribune législative les menaçait; le gouvernement voulait les bannir de France, comme le révérend père le dit lui-même : « Alors le jésuite est » encore » une fois « tout ce qu'on déteste : il a com-
» mis tous les crimes, enseigné toutes les
» erreurs, même les plus contradictoires en-
» tre elles ; il est le fléau, le persécuteur

» universel, l'ennemi du genre humain. «

Au milieu de ces attaques incessantes, de ces calomnies insensées, le R. P. de Ravignan vient tout à coup dire au monde, dans un petit livre (1) : Je suis jésuite. Jusque là il n'était connu que sous le nom de M. l'abbé de Ravignan. Depuis cette époque il signa toujours de Ravignan, de la Compagnie de Jésus. Il jouissait d'une immense considération, il était dans toutes les splendeurs de ses succès d'orateur, et le monde ne fut pas peu étonné d'apprendre ce mystère ; naturellement il se dit : S'il en est ainsi, les jésuites ne sont pas ce qu'on les fait. Que de fois la même chose se passe encore aujourd'hui ; vous avez pas mal de préjugés contre les jésuites ; vous rencontrez un prêtre, vous l'entendez parler, vous l'aimez, et puis on vient vous dire : C'est un jésuite. Vous seriez tenté de vous écrier : Qu'importe? Jésui... tant que vous voudrez, cet homme-là me va ; alors c'est une preuve que les jésuites ne sont pas si diables qu'on les fait. Aussi, là où il y a un peu d'intelligence et de sincérité, ces absurdes préjugés disparaissent.

Je suis jésuite, dit-il au monde, et c'est en face de la persécution qui menace ce nom.

(1) *De l'existence et de l'institut des jésuites.*

« . . . .

« Ce nom est mon nom ; je le dis avec sim-
» plicité : les souvenirs de l'Evangile pourront
» faire comprendre à plusieurs que je le dis
» avec joie. »

Puis il venge sa compagnie, il passe en revue tout, les règles, la vie du novice, les
haines et les calomnies, et tout est réfuté,
foudroyé avec énergie.

On voulait expulser les jésuites de France,
à cette pensée, son cœur si loyal et si français,
se révolte et s'abandonne aux élans du patrio-
tisme et des nobles sentiments.

« Ah ! ils ne savent pas, ces hommes qui
» interdisent au jésuite l'amour de son pays,
» quelle délicieuse émotion de joie il éprouve
» en retrouvant parmi les tribus sauvages du
» Nouveau-Monde quelques-uns des sons de
» la langue natale, ou en entendant dans les
» mers de la Chine et du Japon le lointain
» retentissement de la gloire de nos armes !

» Et la France nous serait moins chère à
» nous qui ne l'avons pas quittée ? Nous ne
» serions pas fiers de ses triomphes dans la
» paix comme dans la guerre, de son génie
» pour les lettres et pour les arts, de ses har-
» dies conquêtes dans le domaine des sciences
« et dans les régions nouvellement ouvertes à

» l'industrie! Nous n'aimerions pas en elle le
» foyer véritable de la civilisation chrétienne!
» Nous ne serions pas heureux des ineffables
» consolations qu'aujourd'hui encore elle
» donne à l'Eglise! »

Il aimait sa patrie de toutes les forces de
son cœur. Dans les derniers jours qui ont
précédé sa mort, on l'entendit s'écrier d'un
accent ému : France, chère France!

Enfin, il écrivit un volume qui a pour titre :
Clément XIII et *Clément XIV*. Sept cents
exemplaires de cet ouvrage furent vendus en
une seule journée. »

CHAPITRE VI.

Derniers travaux. — Prédications au Sacré-Cœur, à la Cour, aux vieillards des Petites-Sœurs des pauvres.

Depuis longtemps chaque année dans le carême, le P. de Ravignan réunissait les femmes des classes les plus élevées de la société de Paris, dans la chapelle du Sacré-Cœur ; nul n'était plus en état de leur parler, il connaissait si bien le monde, et sa parole était si pleine d'autorité ; aussi il disait de bonnes grosses vérités à ce brillant auditoire, et les défauts les plus chers n'étaient pas ménagés ; on murmurait bien un peu tout bas, mais on revenait toujours à son orateur chéri, on eût même été bien fâchée de ne pas revenir, on faisait mieux, on profitait de ses enseignements évangéliques, il y avait dans sa sévérité tant de douceur et une si large compassion pour les misères de la pauvre humanité ! plus d'une fois il fut en lutte avec les plaisirs du monde et les plaisirs furent battus, chose trop rare !

Un jour entre autres, la lutte fut vive, c'était pendant le carême de 1856 : une représentation brillante composée de deux pièces inédites devait avoir lieu sur un théâtre de famille. Le prédicateur se mit à battre en brèche cette soirée intempestive, et la morale fut plus forte que les séductions du plaisir : sur quarante femmes invitées, trois sans plus allèrent à la soirée.

L'Empereur n'étant que président de la république avait entendu le révérend P. de Ravignan à Notre-Dame, il désira l'entendre encore. Il fut donc invité à prêcher aux Tuileries le carême de 1855. — Sa présence dans la chaire sacrée produisit une impression profonde ; cette figure amaigrie par les fatigues, son front élevé, illuminé par un regard de feu, et par les rayons de la foi, ce doux mélange de dignité et d'évangélique simplicité, le faisaient écouter avec le plus religieux silence. La parole du P. Ravignan était nette, vive, sa phrase coupée, sa logique était claire, ferme, inattaquable ; aussi un illustre militaire, habile dans la science de l'artillerie, sortait un jour en disant : *En voilà un sermon vissé.* Au milieu de tout cela il y avait une explosion de bonté, de charité, de compassion pour ceux qui s'égarent, qui plus d'une fois fît venir des larmes dans les yeux ; aussi les billets étaient-ils vivement disputés. Les étrangers offraient même de les payer des sommes exorbitantes.

Cependant le brillant prédicateur de Notre-Dame et de la Cour, voulut terminer sa carrière d'apôtre par une prédication bien moins éclatante ; il alla lui-même demander à la sœur supérieure d'une des maisons des petites sœurs des pauvres de Paris, la permission de donner une retraite à ses bons vieillards, mais à la condition qu'il ne serait pas nommé. — Tout le monde connaît et aime les petites sœurs des pauvres, on sait qu'elles vont chercher partout des vieillards pauvres, abandonnés, elles les emmènent dans leur maison, les nourrissent, les soignentcomme une fille soigne son vieux père, eh bien c'est à ces pauvres gens que ce grand orateur demanda comme une grâce de donner une retraite, et ceux qui l'ont entendu disent que jamais il ne fut plus éloquent... voilà la vraie prédication évangélique, voilà le véritable apôtre. Il veut que personne ne soit privé de la vérité et de la charité de Jésus-Christ...

CHAPITRE VII.

Dernière maladie. — Mort. — Funérailles.

Le 3 décembre 1857, fête de saint François-Xavier son patron, le P. de Ravignan fut atteint de la maladie qui le ravit à l'Eglise. — Pour ce qui concerne cette fin, nous allons citer quelques paroles de toutes celles qui ont été recueillies par le révérend P. de Ponlevoy, son supérieur, son ami et le témoin de ses derniers moments, elles font bien comprendre ce qu'a été le P. de Ravignan dans sa vie et dans sa mort : l'humilité la plus incroyable, l'amour de Dieu et de son Ordre, la joie de mourir, ont été les sentiments les plus vifs de ses derniers jours (1).

(1) *Le P. de Ravignan*, par M. le marquis de Dampiere.

« L'attrait que le P. de Ravignan avait, même en santé, pour le silence et la solitude, était devenu comme un invincible besoin, » dit le P. de Ponlevoy, et il répond un jour à son supérieur qui lui offre de le venir voir pendant une retraite qu'il va faire : « Oh ! non, » je ne veux pas, je n'ai besoin de personne. » Je ne suis jamais seul quand je suis avec » Dieu, et je ne suis jamais plus avec Dieu que » quand je suis seul. »

Que dire de son humilité au milieu des grâces dont Dieu le comblait. — « Ah ! disait- » il, je suis confus, humilié, de penser que » Dieu m'a pardonné, je ne le comprends pas, » non... C'est un mystère pour moi. » Et une autre fois : « Je le sens, c'est Dieu, Dieu tout » seul qui opère en moi, je ne fais rien, je ne » suis que passif. Je dois tout, après sa bonté, » aux prières qu'on fait pour moi. Je ne com- » prends rien, rien aux bontés de Dieu : c'est » un abîme. » Tout rempli du sentiment de la bonté infinie de Dieu, il pouvait dire : « Je » suis bien tranquille et bien content... J'ai le » désir de mourir ; trop, peut-être. Cependant » Dieu m'est témoin que ce n'est pas pour ne » plus souffrir sur la terre, mais seulement » pour le voir dans le Ciel. »

Le 20 février au matin, comme sa nuit

avait été douloureuse, il disait à son supérieur : « Oh ! Dieu, sois béni ! je craignais de
» ne pas souffrir. »

La fin approchait; écoutons toujours le
même témoin oculaire :

« Il était une heure après minuit. Je trou-
» vai le bon Père dans l'agonie. Sa poitrine
» était remplie, et une faible et bruyante res-
» piration s'en échappait à peine. Il étouffait;
» il était noyé dans une sueur froide, et ses
» pauvres mains étaient glacées.

» Mon bien-aimé Père, me reconnaissez-
» vous bien ? lui dis-je en arrivant. — Ah ! si
» je vous reconnais ! — Vous allez donc mou-
» rir? —Mais je n'ai point encore souffert. —
» Pardon, c'est la fin ! — Ah ! tant mieux;
» j'en suis bien content. — Voulez-vous ga-
» gner le Jubilé avant de mourir? — Volon-
» tiers. — Eh bien, baisez le crucifix. » « Je
» lui fis baiser un Crucifix vénéré, que lui-
» même m'avait apporté de Rome et sur le-
» quel deux de nos Pères les plus saints
» avaient rendu leur âme. « Faites un acte de
» charité; enfin, offrez à Dieu Notre-Seigneur
» le sacrifice de votre vie. — De tout mon
» cœur. — Maintenant demandez pardon à
» Dieu de toutes les fautes de votre vie. » Il
» joignit ses mains, leva les yeux au ciel et

» dit à haute voix : « Mon Dieu, pardonnez-
» moi toutes les iniquités de ma vie Mon
» Père, priez Dieu qu'il me pardonne ! » Pen-
» dant ce temps-là il recevait la dernière abso-
» lution.

» Il me dit alors : « Vous demanderez par-
» don pour moi au Révérend Père Provin-
» cial. » Il était si bien présent à tout et si
» délicat qu'il se reprochait le souvenir de
» cette parole dite la veille au soir : « Je suis
» fatigué. — Mon bon Père, vous n'oublierez
» pas toutes mes commissions pour le ciel. —
» Non, non. » Et le frère infirmier : « Vous
» prierez aussi pour moi. — Pauvre bon
» frère ! Il a été si soigneux et si dévoué pen-
» dant toute ma maladie ! Oui, je prierai pour
» vous. »

» J'allai prendre de l'eau bénite et lui en
» fis un petit signe de croix sur le front; mais
» lui fit encore un de ces grands signes de
» croix comme s'il était en chaire.

» Comme je vis qu'il allait passer, j'envoyai
» le frère avertir le Révérend Père Provincial.
» A peine celui-ci ouvrait-il la porte, que le
» mourant lui dit encore : « Mon Révérend
» Père, je vous demande pardon. » Comme je
» voulais le rassurer en lui disant que la
» veille il était entré dans nos intentions

» d'interrompre notre visite à cause de la fati-
» gue, il ne dit rien, mais il fit un signe de
» la main si expressif, qu'il etait impossible
» de s'y méprendre : Laissez-moi faire, je sais
» bien ce que je dis. »

» Le Révérend Père Provincial lui dit :
« Voulez-vous que nous récitions ensemble
» les prières des agonisants? — Oui, oui,
» bien volontiers. » Pendant que nous réci-
» tions ces prières à haute voix, il s'unissait
» visiblement à nous.

» A la fin, il n'avait plus qu'un souffle de
» vie : j'élevai devant ses veux le Crucifix en
» prononçant le saint Nom de Jésus ; il y fixa
» ses derniers regards, et expira après trois
» longs soupirs, au Nom de de Jésus, il ex-
» pira dans le Sacré-Cœur (1). »

Ainsi mourut le P. de Ravignan, le ven-
dredi 26 février 1858, à une heure et demie
du matin.

Le bruit s'en répandit aussitôt dans tout
Paris. Par les lettres particulières et par les
journaux, la funèbre nouvelle arriva partout
dès le lendemain. Elle fut même portée au
loin dès le lendemain par les dépêches télé-
graphiques.

(1) *Maladie et mort du R. P. Xavier de Ravignan,*
p. 35, 36 et 37.

Son corps revêtu d'une pauvre soutane fut exposé dans une humble salle de la maison de la rue de Sèvres, il était étendu sur un vrai lit de jésuite.

Sur ce doux visage qu'on avait vu si souvent attristé des tristesses et encore plus des fautes d'autrui, on voyait maintenant briller un reflet de la gloire de Dieu. Vivant, on contemplait, si j'ose ainsi dire, sur ce noble visage le rayonnement de la sainteté de l'âme ; mort, on contemplait le rayonnement de l'éternelle félicité qui est le prix de la sainteté.

La foule se pressa pendant trois jours dans cette salle basse de la rue de Sèvres, et il fallut bien souvent établir quelque ordre dans ce concours de tant de personnes, comme on fait toutes les fois qu'un spectacle magnifique est exposé à la curiosité publique. Mais un étranger entré là pour voir ce qui attirait ces flots de visiteurs, aurait cherché des yeux la cause de cet empressement. A la place du faste et de la pompe qu'il avait cru trouver, il n'aurait vu que des toiles blanches qui couvraient les murs et quelques cierges qui laissaient assez obscure une partie de la salle. Mais en baissant les yeux, il aurait vu les reliques d'un Saint qui venait de s'endormir dans le Seigneur,

C'est là ce que tout Paris est venu voir, poussé par une curiosité pieuse. Paris a vu bien des fêtes, bien des spectacles, bien des magnificences. Il n'a rien vu de plus beau que ce spectacle qui lui a été donné et qu'il s'est donné à lui-même par son empressement pendant les trois derniers jours de février et encore le lundi 1er mars quand le corps du P. de Ravignan a été porté de la rue de Sèvres à l'église Saint-Sulpice. Tous les fronts demeuraient découverts et inclinés sur le passage de cet humble cortége. En ce jour, la Société de Jésus fut vengée de tant de calomnies et de tant d'outrages, car c'était un jésuite qui passait et que la foule émue saluait avec vénération. Mais il fallait bien confesser que ce jésuite était un Saint !

Ses funérailles ont été à la fois humbles comme celles d'un pauvre et splendides comme celles d'un souverain. Tout l'auditoire de l'église métropolitaine, prévenu la veille par S. Em. le cardinal Morlot, avait répondu au vœu du premier pasteur. Les vastes nefs de Saint-Sulpice ne suffisaient pas à contenir une foule où se trouvaient représentés toutes les classes et tous les rangs, depuis les hauts dignitaires de l'Eglise et de l'Etat, de la magistrature, de la science ou des lettres, jusqu'aux soldats, aux artisans, aux pauvres, à la jeunesse des écoles, aux frères et aux sœurs de charité (1).

‹ Derrière le char marchaient le frère du défunt, le baron de Ravignan, accompagné de son fils et de quelques autres membres de sa famille ; puis les pères de la compagnie de Jésus, les curés de Paris et un grand nombre d'ecclésiastiques.

Le corps a été reçu par le vénérable curé de Saint-Sulpice à la tête de son clergé.

Nulle tenture, nulle décoration funèbre n'ornait l'église. Une simple croix blanche sur un fond noir s'élevait derrière l'autel, et la chaire avait été voilée d'un crêpe.

La cérémonie était présidée par S. Em. le cardinal Morlot, archevêque de Paris. Autour du prélat étaient S. Em. le cardinal Donnet, archevêque de Bordeaux ; l'évêque de Cybistra, Mgr Guillemin, Mgr. Sarrabeyrouze, évêque d'Hétalonie, auxiliaire d'Ajaccio, vicaire apostolique de Canton ; Mgr. Pellerin, évêque de Biblos, vicaire apostolique de la Cochinchine

Après l'absoute, Mgr. l'évêque d'Orléans a

____

(1) *Notice sur le P. de Ravignan,* par M. de Saint-Albin.

paru en chcé, au milieuaire, et il a pronon
d'une émotion indescriptible, l'éloge funèbre
du défunt. Il a d'abord commenté ce texte de
saint Paul : *Defunctus adhuc loquitur* (il est
là ! il est mort ! et il nous parle encore !).
Nous croyons pouvoir le dire sans nulle exagé-
ration, depuis le célèbre texte de Massillon,
jamais paroles ne répondirent mieux à l'at-
tente du public et aux sentiments de l'auditoire :

« Que vous dirai-je, s'est écrié l'éloquent
prélat pour répondre à vos regrets, à vos larmes, à vos vœux, à vos souvenirs et à vos es-
pérances, à toutes les pensées de votre cœur !
que dirai-je, sinon ces paroles : *Il est là... Il
est mort... mais il vous parle encore ! Defunctus, adhuc loquitur !*

Le prélat termina par ces belles paroles auxquelles nous nous unissons de tout cœur et
qui termineront aussi cette petite histoire.

« Et maintenant, il ne me reste qu'une parole à dire, la parole de la séparation et de la
tristesse, la parole du dernier et solennel
adieu. O mon saint ami, il faut vous quitter :
adieu donc, au nom de tout ce qui vous aime ;
adieu, au nom de la sainte Eglise, dont vous
fûtes le courageux défenseur, dont vous avez
combattu si vaillamment le bon combat ; adieu

au nom de cette Eglise militante, qui vous introduit à l'heure où je vous parle dans le sein de l'Eglise triomphante ! Les apôtres, les martyrs, les pontifes, les évangelistes et la Reine des apôtres et des martyrs, celle que vous avez tant aimée, viennent au-devant de vous, vous reçoivent. Adieu, au nom de l'Eglise, notre mère !

» Adieu, au nom de l'Eglise de France dont vous fûtes le serviteur si fort et si humble, pour qui vous avez remporté tant de victoires, brisant par la magnanimité de votre caratère et la loyauté de vos paroles l'indigne étendard du respect humain en tant de mains où vous avez placé l'étendard triomphant de la croix.

» Adieu, au nom de toûs les évêques de France, dont vous fûtes l'ami si sûr, si fidèle et si modeste ! Ils m'estimeront heureux, j'en suis sûr, d'avoir pu en leur nom vous rendre ce dernier hommage.

» Adieu, au nom de cette sainte compagnie (qu'elle me permette de parler pour elle) dont vous fûtes le bouclier et dont vous demeurerez la gloire !

» Adieu, au nom de ces vaillants chrétiens qui, rangés autour de vous, ont combattu avec vous, et ont mérité jusqu'à la fin votre estime et votre religieuse amitié !

» Adieu, au nom de cette jeunesse française, si généreuse, si ardente au bien quand elle rencontre des guides dignes d'elle ! Protégez-la ; dirigez-la toujours du divin séjour où vos vertus ont, par la grâce de Dieu, porté votre âme !

» Adieu, au nom de tant d'âmes qui nous furent chères à tous deux ; bénissez-les toujours!

« Et s'il m'est permis de parler de moi, adieu, aussi au nom d'une de ces vieilles amitiés commencées aux jours de la jeunesse, fortifiées dans les périls, jamais troublées, et qui ne peuvent se briser dans les cœurs qui survivent sans briser l'âme tout entière, leur laissant seulement la force de redire la dernière parole inspirée de Dieu qui met fin à ce discours : « Bienheureux les morts qui meurent dans le Seigneur : *Beati qui in Domino moriuntur !* Que mon âme meure donc de la mort des justes, et que ma fin soit semblable à la sienne : *Moriatur anima mea morte justorum !* »

FIN

LIBRAIRIE DE LÉON FONTAINE

éditeur

26, RUE DE L'UNIVERSITÉ, 26

A PARIS

PRINCIPAUX OUVRAGES

DE LA

BIBLIOTHÈQUE DE TOUT LE MONDE

UNE VIE DE SAINT POUR CHAQUE DIMANCHE
Un vol. in-12. — Prix : 1 fr.

Les Vies de Saints en un volume pour chaque jour de l'année ne sont qu'une sorte de nomenclature où sont racontées la naissance, la série des vertus, des miracles, et la mort du saint. Or, une nomenclature est un maigre aliment pour le cœur. Ces prodiges accumulés découragent plutôt les âmes en leur faisant dire : C'est impossible. Beaucoup n'ont pas le temps de lire un chapitre chaque jour. Mais, le dimanche, le loisir ne manque pas.

Le volume commence par une petite Vie de Notre-Seigneur Jésus-Christ.

Nous avons choisi les Vies qui nous ont paru plus propres à faire du bien aux lecteurs même peu lettrés.

Il y a deux classes de saints populaires : d'abord les saints qui ont vécu dans les humbles conditions de la vie, qui ont travaillé, exercé une profession, labouré les champs, gagné leur pain, rempli les devoirs ordinaires de la famille, connu ses joies et ses ennuis; puis ces saints, ces héros du christianisme, si puissants par la parole et par les œuvres. Ces grandes figures qui dominèrent leur siècle, le peuple les aime; il aime même le merveilleux; du reste, cet amour est partout, puisque l'on se jette sur tout ce qui n'en a pas les apparences.

PETITES HISTOIRES POUR LES ENFANTS
Prix : 50 centimes

NOUVEAU RECUEIL DE TRAITS ÉDIFIANTS

Par M. l'abbé MULLOIS

1 volume in-12. — Prix : **1** franc

Ces exemples sont tous empruntés au XIXe siècle; on sait que c'est la meilleure manière d'accepter les vérités. Il se trouve des traits empruntés à toutes les classes de la société.

LE LIVRE DES HABITANTS DES CAMPAGNES

Depuis longtemps on nous demandait un livre pour les habitants des campagnes. Ils savent lire, ils lisent, et que de choses ils ont à apprendre et à redresser! Le mal des villes s'est glissé jusque dans les villages, sans se faire accompagner du bien. D'un autre côté, l'habitant des campagnes n'aime pas sa position sociale; il ne connaît pas l'agriculture, comment l'aimerait-il? Il s'en tient à la routine ; or, on suit une routine, on ne l'aime pas; de plus, il ne voit que les peines de son état, il n'en comprend pas les avantages, sans parler des devoirs. Pour combattre ce mal, la **BIBLIOTHÈQUE DE TOUT LE MONDE** a publié un petit ouvrage qui a pour titre : *Le Livre des habitants des campagnes;* il est divisé en deux parties :

La première partie est un petit Cours d'agriculture pratique, bien simple et bien clair, écrit par un homme parfaitement au courant de ces sortes de matières.

La seconde partie est une suite de causeries sur les devoirs, les joies, les peines, la vie tout entière de l'homme des champs. Ces causeries sont faites par M. l'abbé MULLOIS. Elles sont écrites dans le genre du *Livre des Classes ouvrières.*

Voici les principaux chapitres :

Avantages et joies de la vie de la campagne. — Éducation. — Du choix d'un état pour soi et pour les siens. — Vie de famille. — Dimanche. — Joies et récréations du dimanche. — Manière de se conduire dans les grandes circonstances de la vie. — Naissance. — Première communion. — Mariage. — Maladie et mort de ses parents. — Économie. — Cabaret. — Dettes. — Procès. — Probité, empiétement sur le champ du voisin. — Manière de se conduire quand on est cité comme témoin. — L'église. — Le curé. — Charité. — Que faire quand un voisin est malade, ruiné, malheureux ? — Crédulité, etc., etc., etc.

Les deux parties réunies forment un beau volume in-18.

Prix : **90** centimes.

ENCYCLOPÉDIE POPULAIRE

SOUS LA DIRECTION DE

MM. MULLOIS & HERVÉ

2 beaux volumes grand in-8 sur deux colonnes

Prix des 2 vol. : 7 fr. 50

L'*Encyclopédie* forme deux beaux volumes de plus de 1200 pages; elle sera utile surtout aux prêtres. Il est bon qu'ils aient une notion exacte de chaque chose. Aujourd'hui, qui ne parle plus ou moins sciences, agriculture, économie sociale, drainage, engrais, vapeur, améliorations et même philosophie ? Avec l'*Encyclopédie*, il est bientôt au courant, et il peut par là élever les âmes de la terre aux choses de l'éternité.

Les Encyclopédies sont à l'ordre du jour; les librairies en sont pleines : mais les unes sont trop volumineuses et trop chères; les autres sont écrites dans un assez mauvais esprit. L'*Encyclopédie populaire* a été revue, corrigée et faite d'après le progrès de la science moderne. Elle pourra être placée dans les plus modestes bibliothèques ou même dans les bibliothèques paroissiales, où chacun pourra venir la consulter. On veut étudier une question, entreprendre une amélioration, traiter un sujet : l'Encyclopédie vous renseigne en quelques minutes; elle donnera de la science aux ignorants, et sera peut-être même une bonne fortune pour la paroisse.

LIVRES-IMAGES
PETITS TRAITÉS POUR LE TEMPS
Par M. l'abbé MULLOIS

PROPRES A ÊTRE DONNÉS AU CATÉCHISME, A L'ÉCOLE

VIENNENT DE PARAITRE

A tout le moins une fois l'an. 1 joli petit volume
orné de gravures............................... » 10
**Mille choses qui ne se trouvent pas dans
les livres.** 1 petit volume orné de gravures. » 10
**Petites et grandes Misères de beaucoup
de gens.** 1 joli petit vol. orné de gravures. » 10
**Un des moyens de mettre la Misère à la
porte.** 1 petit volume orné de gravures..... » 10

SUITE DES LIVRES-IMAGES

Ce qu'il faut savoir et croire................ » 05
Ce qu'il faut faire........................... » 05
Le Blasphème.................................. » 10
L'Église de la paroisse....................... » 10
Qu'est-ce qu'un curé?......................... » 10
Objections et préjugés........................ » 10
Bonne mère.................................... » 10
Bon fils...................................... » 10
Ce qu'on rapporte du cabaret.................. » 10
Pensées et dires de Jacques Bonhomme.......... » 10
Conseils à l'envers........................... » 10
Faux grands hommes............................ » 10
Le bien qui se fait en France................. » 10
Je n'ai pas le temps.......................... » 10

De tous ces petits livres, ainsi que de tous les ouvrages
de M. MULLOIS dont le prix ne dépasse pas 30 cent.,
on donne *franco* 14/12, 60/50, 125/100, et *non franco*,
18/12, 80/50, 175/100 600/300. Tous peuvent être
demandés en détail.